AF359220

CONSIDÉRATIONS GÉNÉRALES

SUR LES

EFFETS DES RÉVOLUTIONS

DE FRANCE ET D'ANGLETERRE

(1789 ET 1642)

For just experience tells, in every soil,
That those that think must govern those who toil
And all that freedom's highest aims can reach,
Is but to lay proportion'd loads on each,
Hence, should one order disproportion'd grow,
Its double weight must ruin all below.

GOLDSMITH'S *Traveller*.

PARIS

IMPRIMERIE DE GUSTAVE GRATIOT

RUE DE LA MONNAIE, 11

1846

Par le mot *civilisation* on entend un progrès, un développement double : 1° le développement de l'ordre politique et social, ce qui constitue la félicité de l'homme con-
sidéré comme formant partie de la société : 2° le développement de l'homme lui-même, de son esprit, de son
âme. Je trouve cette seconde division très clairement marquée par un des écrivains les plus éloquents de nos
jours (1) : « Les sociétés humaines naissent, vivent et meu-
« rent sur la terre : là s'accomplissent leurs destinées…,
« mais elles ne contiennent pas l'homme tout entier. Après
« qu'il s'est engagé à la société, il lui reste la plus noble
« partie de lui-même, ces hautes facultés par lesquelles il
« s'élève à Dieu, à une vie future, à des biens inconnus
« dans un monde invisible. »

Le développement de la société par les lois est le moyen ;
le développement de l'humanité, le but. Mais cette seconde
division, qui renferme les progrès de la littérature, des
beaux-arts, de la religion, si intéressante qu'elle soit, est
trop importante, trop variée pour la traiter superficielle-
ment : elle m'entraînerait trop loin, et cet essai se bornera
à des considérations générales sur l'effet qu'ont produit les
grandes révolutions en France et en Angleterre sur l'état
social. Dans cette esquisse d'un sujet qui exigerait un plus
grand travail, je me renferme dans les effets généraux des

(1) Royer-Collard, *Projet de loi relatif au sacrilége.*

1.

révolutions, sans m'occuper des hommes qui les ont exé-
cutées.

Jetons un coup d'œil comparatif sur les nations anciennes et modernes. Nous voyons l'Égypte dans un état
de civilisation fort avancé ; les villes de Phénicie, de la
Grèce, Rome enfin, toutes ont eu leur moment de progrès
et de développement. Comment faut-il en expliquer le peu
de durée? Pourquoi, tandis que la France et l'Angleterre
marchent, lentement il est vrai, mais d'un pas sûr, dans la
voie du progrès depuis quinze siècles, l'ère de la civilisation de la Grèce n'a-t-elle duré que tout au plus quatre cents
ans? Pourquoi, dans Rome, la richesse, l'état voisin de la
perfection dans les arts et les sciences, l'esprit délié du
siècle d'Auguste, se sont-ils si vite fondus dans la corruption universelle sous les successeurs de ce monarque?
Nous touchons au mot de l'énigme. Dans l'ordre social, il
y a plusieurs éléments, le peuple, l'aristocratie, le clergé,
la royauté. Dans les civilisations anciennes, il n'y a jamais
eu fusion entre ces parties constituantes de la société : l'un
d'entre eux a toujours exercé une domination exclusive, ou
une prépondérance excessive sur les autres : de là s'ensui-
vit, en premier lieu et immédiatement après, la tyrannie :
et plus tard l'affaiblissement et la chute du gouvernement
par ces éléments sociaux, qui, étouffés sous le poids d'un
autre élément dominateur, n'ont jamais été complétement
éteints.

Voilà en deux mots les causes du peu de durée des civilisations des peuples anciens, et même de l'instabilité de
leurs gouvernements. Dans la civilisation moderne, un sys-

tème tout différent a été suivi ; il y a eu fusion complète
des divers éléments pour former un tout. Ces éléments ont
eu tour à tour la suprématie ; mais ne pouvant pas régner
séparément, ils se sont vus forcés, à la fin, de se réunir, de
créer un ordre social nouveau, d'où la tyrannie serait ban-
nie, parce que les éléments, tempérés l'un par l'autre, se-
raient dans l'impossibilité de s'exclure mutuellement. C'est
de cette fusion qu'est née la liberté européenne.

L'Église a exercé une influence très marquée sur le développement de la société moderne. Seul pouvoir bien
affermi au milieu des débris de l'empire romain, seule
source de lumières au milieu de l'ignorance universelle,
seule puissance qui ne fût pas avilie par le vice régnant,
au milieu de la corruption générale, elle devait être le ber-
ceau de la civilisation. Les papes, hommes sagaces, ne
tardèrent point à s'apercevoir de l'influence spirituelle et
temporelle qu'ils pouvaient exercer en Europe. Grégoire VII
établit systématiquement ses prétentions à une théocratie
générale. Il n'y réussit pas autant qu'il l'espérait : on peut
attribuer son manque de succès aux obstacles suivants :
la théocratie s'est adressée de préférence au peuple, et
s'est même opposée à l'aristocratie et à la royauté, ce qui
souleva contre elle ces deux puissances, alors souveraines.
Les prêtres, obligés au célibat, étaient forcés de se recru-
ter dans la noblesse et le peuple ; et ces nouveaux venus,
tenant de leurs familles des opinions différentes, n'ont jamais pu suivre avec unanimité le plan original des papes.
L'Église obtint néanmoins une prépondérance politique
assez forte : toute la législation du moyen-âge a été, sinon

créée, au moins réformée par elle. Ces améliorations étaient le moyen par lequel elle comptait arriver à son but : la rapacité, l'esprit dominateur qui caractérise l'Église romaine lui firent espérer que chaque changement produit par elle lui apporterait un surcroît de pouvoir. Elle ne se trompa point : bientôt, législatrice, elle établit en monopole son droit de juridiction en matière d'adultère, et de l'exécution des testaments. Elle étendit alors son ambition : de législatrice, elle s'érigea en souveraine arbitraire, et réussit, non sans opposition, et pour peu de temps, il est vrai, à mener les rois en tutelle. Mais son pouvoir, arrivé à ce point, marche à son déclin. La lutte fut longue : les préjugés, la superstition, les lumières que le clergé seul possédait, retardèrent les progrès de l'émancipation laïque : mais Philippe IV, en se querellant avec Boniface VIII, attaqua tous les abus de pouvoir de l'Église, lui retira ses droits de juridiction, et l'enferma presqu'entièrement dans les affaires ecclésiastiques.

L'Église intervient encore dans la révolution anglaise ; mais son influence est presque étouffée sous la lutte plus importante de la liberté contre le pouvoir absolu. Ceux qui disent que la révolution d'Angleterre a été religieuse plutôt que politique, se trompent : voici la part que l'Église y a eue. Les partisans de la liberté manquaient d'une impulsion pour les mettre en action, la réforme s'est présentée, leur but était le même, ils se sont unis, et l'une a servi de prétexte à l'autre.

Nous devons à l'Église un des fondements de la législation actuelle : mais le bienfait est caché par les abus. Le vice radical des relations de l'Église avec les peuples, c'est la destruction de l'influence que les gouvernés doivent toujours exercer sur les gouvernants : elle tend à placer les prêtres trop au-dessus des fidèles, en attribuant à ceux-là quelque chose de distinct et de divin.

On croyait autrefois, et quelques-uns même croient encore, que les révolutions en France et en Angleterre ont été des accidents étrangers au passé, isolés dans l'histoire. Cette opinion est généralement combattue maintenant, et avec raison : car ces révolutions n'ont rien voulu, rien fait, qui n'eût été tenté, ou au moins souhaité, cent fois avant leur explosion. L'aristocratie féodale a combattu les rois, la lutte a éclairé le peuple ; les rois ont réprimé la féodalité ; les hommes ont soupçonné qu'ils étaient égaux : l'Église a dominé, et cette égalité est prêchée du haut de la chaire. C'est à ces principes, qui ont contenu le germe de la révolution, que la société en Europe doit son progrès.

Au XVIIe siècle en Angleterre et au XVIIIe en France, le peuple, voyant ses anciens maîtres, les rois, dans un état d'apathie sociale, en paix avec l'aristocratie ; cette aristocratie payant de servilité ce repos : le clergé embarrassé, ne sachant où se conduire : le peuple, dis-je, vint à penser que c'était à lui-même de se charger de ses propres affaires, et réclama la liberté contre la couronne, l'égalité contre l'aristocratie, et les droits de l'intelligence contre le clergé. Alors éclatèrent les révolutions : voilà leurs causes, et Cromwell, Mirabeau, et même Louis XVI et Charles Ier, que l'on voudrait quelquefois accuser de ces révolutions, n'y ont été que des accidents, et, pour ainsi dire, des épisodes

Pour se former une idée de l'état social de la France et de l'Angleterre avant les deux révolutions, il faut remonter à la féodalité pure : je tâcherai de faire un tableau de l'état et des rapports des différentes classes de la société à cette époque.

Sous les premiers rois de France, la noblesse se composait de ceux qui possédaient des fiefs ou des bénéfices héréditaires. Le possesseur d'un fief était gentilhomme : celui qui possédait un fief militaire n'était sujet à aucun tribut hors le service personnel avec ses vassaux en temps de guerre. Un gentilhomme ne pouvait exercer aucun métier sans perdre les avantages de son rang. Il y avait autant de distance entre les gentilshommes et les roturiers, qu'entre la liberté et la servitude. A la rigueur, un roturier ne pouvait pas posséder un fief : mais dans la suite, il parvint à pouvoir en acquérir, et même à s'anoblir par la possession d'une terre durant trois générations (1). Il était alors sujet à une taxe royale appelée *franc-fief*. Les lettres de noblesse concédées par les successeurs de Philippe le Hardi donnèrent le premier coup à l'aristocratie : en multipliant le nombre de ses membres, elles diminuèrent son pouvoir. Les nobles se divisent en deux classes, savoir : en premier lieu, la haute noblesse, qui relevait directement du souverain, et dont les priviléges étaient : le droit de battre monnaie ; l'exemption des tributs publics, à l'exception des aides féodales ; le droit de guerre privée ; l'indépendance du pouvoir législatif ; l'exercice exclusif du droit de juridiction dans leurs domaines. Et les *vavasseurs*, également possesseurs de fiefs, mais relevant de la haute noblesse. Dans

(1) Etablissements de saint Louis, c. 143.

ceux-ci sont compris les *châtelains*, qui possédaient un château, et plus de pouvoir que les autres ; les *bacheliers*, qui avaient été faits chevaliers ; et les *damoiseaux*, qui aspiraient à cet honneur.

Le clergé, étant aussi purement féodal que l'aristocratie, possédait tous ses biens en fief, jouissait des mêmes priviléges, de la même juridiction, des mêmes hommages de ses vassaux. Le service militaire était exigé de ceux-ci ; Charlemagne, dans un de ses capitulaires, interdit sévèrement au clergé le service personnel. Ceux qui étaient peu belliqueux payaient un seigneur des environs pour les défendre.

Les hommes libres étaient les habitants des communes : en Angleterre, on les nommait *socagers* et *yeomanry* ; en France, soumis à plusieurs droits et taxes par le seigneur sous la protection duquel ils étaient forcés de vivre, ils se confondent avec les vilains. « La noblesse, dit Beaumanoir, « vient du père, et non de la mère ; mais la mère seule « communique la liberté. »

Les esclaves se divisent en deux classes : les serfs, appelés dans la loi salique *lidi*, lorsqu'ils appartenaient aux seigneurs, et *fiscalini*, lorsqu'ils étaient sur les domaines du roi, qui étaient fixés à la glèbe, et s'aliénaient avec elle. Ils étaient considérés à peu près comme les bestiaux, et ne possédaient rien dont le seigneur ne pût disposer, jusqu'à leur personne et leur vie (1) ; et les vilains, qui payaient des redevances fixes à leur seigneur, et dont les biens lui

(1) On a découvert un vieil acte de concession de terres, *cum hominibus ibidem permanentibus, quos colonario ordine vivere constituimus.*
Thesaur. Anecdot.

revenaient après leur mort ; ils n'avaient aucun appel contre une offense faite par lui. Leur position n'était guère plus malheureuse que celle des laboureurs d'aujourd'hui : ils n'étaient privés de leurs droits qu'envers leur seigneur. En France, ils ne pouvaient témoigner en justice contre un homme libre ; en Angleterre, ce droit leur a été rarement refusé.

L'affranchissement était le lien entre l'homme libre et l'esclave. L'église la première tonna contre l'usage de tenir des chrétiens en esclavage, mais aussi les vilains sur les terres ecclésiastiques furent les derniers affranchis. L'expérience faite que l'industrie était plus commune chez les laboureurs libres que chez les vilains, et la reconnaissance pour des services rendus à la guerre motivèrent des affranchissements très fréquents. Le roi émancipa tous ses esclaves, et les nobles ne tardèrent point à suivre son exemple. La servitude de la glèbe a duré plus longtemps : Barrington rapporte qu'il existait des serfs en Angleterre sous Elisabeth, et il est constant qu'on en voyait dans les environs de Besançon, jusqu'en 1789.

Par cet aperçu, nous avons une idée générale des conditions des différentes classes de la société, sous la féodalité en Europe. Je considérerai maintenant les changements qui se sont faits en France, jusqu'à la révolution.

Le premier événement qui attire notre attention, est l'affranchissement des communes : de là un nouvel état de choses. Des bourgeois érigent en républiques leurs petites communes, administrent eux-mêmes leurs affaires, mais ne se mêlent point du gouvernement général. De ces communes sortit le tiers-état, qui, en 1789, était la nation française, moins la noblesse et le clergé (1). Mais cette bourgeoisie se divisait encore en deux classes : la bourgeoisie riche et le bas peuple, qui en souffrait la domination. La prodigieuse difficulté de restreindre ce bas peuple, et les luttes qu'elle avait à soutenir contre les seigneurs qui voulaient ressaisir leur autorité, l'empêchaient de prendre une importance politique. Le roi était son allié contre les nobles : c'est ici le premier pas vers le nivellement général.

Les hommes, qui avaient deviné que l'ordre social ne peut se développer que par la réunion des diverses classes, essayèrent ensuite de les faire agir en commun, sans en détruire la diversité ou l'indépendance. Du XIIe au XVIe siècle il y a eu deux tentatives, qui ont également échoué : la théocratie, dont j'ai déjà parlé, et la création des états-généraux. A vrai dire, ces états-généraux n'ont jamais été qu'un pis-aller politique, pour les rois quand ils n'avaient pas d'argent, pour le peuple lorsque le mal était trop grand. Les nobles et le clergé prenaient place avec insouciance, sachant que ce n'était pas là leur grand moyen d'action : le peuple n'y apparaissait que par nécessité. Leur effet immédiat a été presque nul ; leur effet moral a été grand, par leurs protestations contre la servitude, et leur proclamation de certains principes tutélaires.

Au XVe siècle, le pouvoir monarchique commence à prendre l'ascendant sur le pouvoir féodal. Les dernières tentatives de la noblesse furent la Ligue et la Fronde; mais

(1) Sieyès, *Qu'est-ce que le tiers ?*

leur pouvoir avait descendu déjà trop de marches dans l'échelle sociale, et elles échouèrent. Avec elles mourut le pouvoir féodal : et la monarchie pure, enfantée par Philippe II d'Espagne, prit sa place. Sous Louis XIV, la monarchie pure est à son apogée : le royaume est dans l'état le plus florissant. Sa décadence presque immédiate est l'effet naturel d'une monarchie pure, où tout le pouvoir est dans la couronne, à l'exclusion des autres éléments sociaux.

Voici l'état social de la France sous les successeurs de Louis XIV. Le roi disposait des personnes par des lettres de cachet, et des propriétés par des confiscations. Les priviléges que possédaient quelques classes sont rarement respectés ; si les rois ont lassé la nation par la tyrannie, que serait-il advenu, s'ils avaient déployé rigoureusement tout leur pouvoir ?

La nation souffrait tous les maux de l'inégalité ; chaque ordre renfermait plusieurs classes, distinctes les unes des autres. La noblesse se divisait en quatre classes : 1° la noblesse de cour, qui obtenait du prince des gouvernements ; 2° la noblesse d'administration, qui exploitait les provinces; 3° la noblesse judiciaire, qui en exerçait les charges ; 4° la noblesse des terres, qui avait conservé quelques-uns de ses droits féodaux. Le clergé se divisait en deux classes : 1° le clergé riche, qui possédait les abbayes et les évêchés ; 2° le clergé pauvre, qui était destiné aux travaux apostoliques. Les différentes corporations qui composaient le tiers-état, toutes réunies, possédaient environ le tiers des terres, dont elles payaient la dîme au clergé, les droits féodaux à la noblesse, les intérêts au roi. En revanche, elles ne jouissaient d'aucun droit, n'avaient aucune part à l'administration, n'étaient point propres aux emplois. Mais par suite du libre examen au xviiie siècle, et de son caractère d'universalité, le tiers-état, autrefois la classe la plus ignorante, était devenue la plus instruite de la nation. Le gouvernement s'efface devant une nation philosophe.

Voilà l'esquisse de la civilisation et de l'état social en France avant la révolution. Je suivrai la même marche à l'égard de l'Angleterre, et j'en tirerai quelques analogies.

Le premier fait qui change l'état de l'Angleterre féodale est la *magna charta*, arrachée à Jean par les barons coalisés. Il importe d'examiner cette charte, pour bien comprendre les actes et les motifs des révolutionnaires anglais.

La grande charte est la pierre fondamentale des libertés anglaises : presque tout ce qu'on a obtenu depuis n'en a été que la confirmation et le commentaire, et c'est principalement pour la soutenir qu'eut lieu la révolution. En voici l'esprit et les clauses principales. Elle mit un frein aux déprédations commises par ceux qui étaient chargés de la garde noble ; déclara inviolables les franchises de la cité de Londres, et des autres villes et bourgs ; garantit la liberté du commerce aux négociants étrangers ; arrêta la tyrannie exercée dans le voisinage des forêts royales ; délivra de l'amende le nécessaire de chacun dans son état ; défendit l'imposition d'aucune aide, hors les trois aides féodales, sans l'approbation du parlement. Mais ce qui rend la grande charte le plus grand monument de la liberté anglaise, est la garantie contre l'emprisonnement et la spoliation arbitraires. Voici cette clause : « Nul homme

libre ne sera arrêté, ni emprisonné, ni privé de sa pro-
priété, de ses libertés, ou des franchises dont il jouit en
vertu des coutumes, ni mis hors la loi, ni exilé ou lésé en
aucune manière, et nous ne courrons sus ni enverrons
contre qui que ce soit qu'en vertu d'un jugement légal de
ses pairs, et de la loi du pays. Nous ne vendrons, refuse-
rons, ou retarderons à aucun individu droit et justice. »
Je le répète, ce n'est que pour la confirmation de cela
qu'eut lieu la révolution.

L'état du parlement, cent ans après, n'est que légère-
ment changé ; la chambre des lords prend part à l'exercice
du pouvoir comme conseil du roi ; la chambre des communes, sans s'associer au gouvernement proprement dit,
s'occupe de la défense énergique des intérêts privés et lo-
caux. Le parlement, quoiqu'il ne gouvernât pas encore,
était déjà une institution régulière. Au xve siècle la guerre
des deux Roses, funeste au pays, ruine et décime les barons, et avec eux tombe le pouvoir féodal. Aucun pouvoir
n'existait en Angleterre capable de contre-balancer la
royauté. Henri Tudor monte sur le trône, néglige la for-
malité observée scrupuleusement par les Plantagenets, la
confirmation de la grande charte, et apporte avec lui une
autorité presque absolue, qui devient systématique sous
ses successeurs, libre au roi de l'exercer comme fit
Charles Ier, ou de ne pas la mettre en action, comme
Henri Tudor.

Vint la réforme ; les rois, en l'établissant par la force,
et en partageant les dépouilles de la papauté avec les évêques, la rendirent incomplète. L'église anglicane ne diffé-

rait que peu de l'église catholique. Tandis qu'on emprisonnait ceux qui parlaient mal des évêques, le primat Laud accepta le dédicace d'un livre qui défendait la papauté. Le peuple réclama. A l'avénement de Charles Iᵉʳ, l'Église était la principale et presque la seule cause des disputes entre le roi et son parlement.

A la fin du xviᵉ siècle voici l'état des institutions libres en Angleterre. Il existait toujours des maximes de liberté, qui avaient été constamment écrites. Les précédents et les exemples de liberté étaient tellement mêlés de précédents contraires, qu'ils pouvaient à peine appuyer les réclamations des ennemis de l'arbitraire. Le jury, l'indépendance des administrations et des juridictions municipales, le droit de s'assembler et d'être armé, étaient des institutions locales pleines de germes de liberté ; enfin, le parlement, dont le roi, par suite des dépenses immodérées de ses prédécesseurs, avait plus besoin que jamais.

Plus tard, sous Charles Iᵉʳ, les communes, trois fois plus riches que les lords (1), virent avec indignation les droits constatés par la grande charte foulés aux pieds, les villes, le parlement également sous le joug du roi. Mais ce ne fut que lorsqu'on attaqua les droits auxquels une nation dévote comme l'Angleterre tient le plus, sa religion, que toutes leurs forces se déployèrent.

Entrons dans quelques détails sur les principaux actes arbitraires de Charles. Premièrement, il essaya de lever de l'argent par des emprunts forcés, et des amendes exorbitantes : il punit ceux qui refusèrent de les payer par l'em-

(1) Hume, *Histoire d'Angleterre.*

prisonnement, et leur retira le droit de l'*habeas corpus*. Il fit percevoir les droits de douane en son nom, quoique le parlement les lui eût refusés. Enfin il ressuscita les anciennes lois des eaux et forêts, et une autre vieille coutume révoquée depuis un temps immémorial par les franchises des villes, et ensuite par la grande charte. Ces institutions lui donnèrent le pouvoir de s'emparer d'un grand nombre de propriétés de ses sujets, et d'obliger les ports de mer de fournir des vaisseaux pour la marine royale.

De l'autre côté, la *pétition de Droit*, envoyée par les communes au roi, demanda : 1° que personne ne fût molesté pour avoir refusé de prêter au roi ; 2° que ceux qui étaient arrêtés sans cause connue jouissent de l'*habeas corpus ;* 3° que les militaires ne fussent plus logés chez les particuliers ; 4° que les soldats et les marins fussent jugés par les lois civiles, et non par la loi martiale.

Cette pétition fut aussitôt foulée aux pieds qu'accordée ; le parlement fut prorogé, et le roi essaya de régner par lui seul. Un nouveau parlement fut aussitôt dissous, et le troisième, ou *long parlement,* convoqué ; de sa convocation date la révolution.

Nous avons suivi la marche de la civilisation dans les deux pays : nous trouvons beaucoup d'analogies, et cependant quelques points fort différents. Dans les deux pays, la féodalité a eu son moment de triomphe, court en Angleterre, ce qu'il faut attribuer plutôt aux événements (la guerre des deux Roses entre autres), qu'à des motifs sociaux ; long en France, parce qu'elle était plus fortement enracinée. Je crois pouvoir avancer que la France a été plus féodale que l'Angleterre. La dernière classe, les vilains, se rapprochait plus des hommes libres en Angleterre qu'en France.

La bourgeoisie était plus libre en Angleterre, ce que l'on peut attribuer au caractère pacifique de la féodalité anglaise, et à quelques coutumes saxonnes conservées par le pays, lesquelles accordèrent la franchise, surtout en matière de juridiction, aux tenanciers en socage, qui pouvaient être juges dans les cours du manoir où ils résidaient. Les fiefs en Angleterre avaient été créés et accordés par les rois. Les seigneurs français s'étaient anoblis eux-mêmes.

Dans la grande charte, on fait mention d'un parlement qui devait approuver les aides avant qu'elles pussent être mises en vigueur. Quel est ce parlement dont il s'agit? Au commencement du xiiie siècle, un parlement valide, qui restreint l'autorité royale! d'où tire-t-il sa force?

Tandis qu'en France on ne voit, hors les nobles et le clergé, à peu près que les serfs et les vilains, il y a un parlement en Angleterre! Ceci tient à la différence de la féodalité anglaise et française. En France, les fiefs, obtenus sans concession aucune, étaient grands et puissants; un seigneur seul pouvait s'opposer au roi. En Angleterre, les fiefs, concédés par Guillaume et ses successeurs, étaient très petits; un seigneur en possédait plusieurs très éloignés les uns des autres; il lui était difficile de réunir sur un point toutes ses forces. Ces raisons nécessitèrent la réunion des grands seigneurs anglais; et ceux qui étaient trop peu importants pour entrer dans la coalition tombèrent dans la classe des bourgeois, et siégèrent avec eux dans le parlement, leur donnant ainsi une énergie et une force qu'ils n'auraient pas autrement possédée. Voici l'explication de l'influence du parlement.

La féodalité une fois détruite, la monarchie pure succède presque immédiatement dans les deux pays; et également, dans tous deux, cette monarchie est menacée par la troisième classe, le peuple. En Angleterre, l'ordre civil et religieux, la royauté, l'aristocratie et la démocratie, le développement moral et politique, ont grandi ensemble, ou à peu de distance les uns des autres. Sous les Tudors, la monarchie pure approche de son apogée, la démocratie perce, et l'aristocratie, quoique fort affaiblie, conserve encore une place. Les griefs qui amènent la révolution sont à la fois civils et religieux. En France, chaque élément a eu son tour : du x° au xiii° siècle, la féodalité est souveraine, la royauté et la démocratie nulles; sous Louis xiv, la royauté est absolue. Nous verrons dans la suite le peuple prendre l'ascendant. Mais quoique les différentes innovations se soient faites différemment sous le rapport du temps, quoique l'Angleterre ait eu un gouvernement libre et régulier longtemps avant le continent, la marche générale a été la même : ils ont tous deux passé par les mêmes phases, les mêmes causes ont amené les mêmes effets.

Dans les révolutions, comme dans tous les événements, il y a une action qui produit, et une réaction qui tend à détruire les effets de l'action. Une révolution donc, pour produire des effets durables, doit dépasser son but. Elle a au commencement un mouvement progressif, et ensuite, en raison de la distance dont elle a dépassé le but, un mouvement rétrograde. Dans la révolution française, ce dernier mouvement commence avec le consulat ; dans la révolution anglaise, avec le protectorat. Je ne les considérerai en conséquence que jusqu'à ces deux époques. Les premiers pas vers la ruine de l'ancien ordre de choses en France, furent la libération des terres des dépendances seigneuriales, et l'abolition des dîmes. les trois ordres disparaissent ; la royauté perd son influence morale et matérielle : le pouvoir est conféré à l'assemblée constituante ; elle nomme des comités pour se charger des affaires intérieures ; elle publie une déclaration des droits de l'homme et du citoyen, basée sur le principe que tous les hommes sont égaux ; elle retire le pouvoir législatif de la dépendance du roi, qu'elle ne considère que comme l'agent héréditaire de la nation ; elle fonde le principe d'un gouvernement électoral et fait nommer les électeurs par les cantons, enfin elle dépouille le clergé de ses biens et la noblesse de ses titres. La révolution était presque complète lorsque malheureusement l'assemblée constituante se démit du pouvoir. L'assemblée législative et la république avec sa convention et son comité de salut public, qui exercèrent un pouvoir sans bornes, irritées des efforts des royalistes, du clergé dépossédé et de la noblesse émigrée, établirent une anarchie affreuse dans le pays. La constitution de 1793, qui plaçait dans le peuple une souveraineté illimitée, était impossible à aucune époque, encore moins à la présente. Les essais de gouvernement, les états-généraux par les privilégiés, l'assemblée constituante par les bourgeois, la constitution de 1793 par le peuple, échouent tous également ; mais ils produisent un bien général : chaque classe, pendant sa suprématie, enlève aux autres ce qu'ils avaient d'intolérant et de contraire à la marche de la civilisation. L'administration du directoire était aussi onéreuse, mais moins cruelle que celle de la convention. Un déficit énorme dans le trésor, causé par l'abolition des contributions indirectes et l'arriéré du payement des contributions directes, la loi des otages et l'emprunt forcé progressif, sont les fautes les plus graves qu'on reproche au directoire. Ce fut avec joie que le peuple vit l'interposition de l'armée et la formation du consulat. Sous Buonaparte, le gouvernement ne tarda pas à mettre fin aux griefs qui avaient perdu le directoire.

Je jetterai un coup d'œil sur la révolution anglaise, et ensuite, après quelques remarques sur les analogies que ces deux grands mouvements présentent, j'établirai l'état des deux pays après leurs révolutions.

La réforme produisit en Angleterre le libre examen : la monarchie pure contenait la ruine de toute liberté publique : la lutte de ces deux puissances qui tendaient à abolir le pouvoir absolu en matière temporelle et spirituelle, est l'essence de la révolution anglaise. Le long parlement accomplit en grande partie la révolution : voulant attaquer le mal à sa racine, il déclara la guerre au roi, et finit par le décapiter. La république, à vrai dire, n'était qu'une oligarchie : presque tout le peuple anglais était contre le parlement, dont l'administration des affaires était infiniment pire que celle du roi Charles. Il recruta les finances dilapidées par la vente des États du parti opposé : ses taxes et ses impôts n'étaient pas moins onéreux que ceux du feu roi : il s'enrichit aux dépens de la nation en s'appropriant les charges lucratives. Mais ce parlement, bon ou mauvais, n'était que l'instrument des révolutionnaires : il influa peu sur les effets de leurs actes.

Dans la révolution il y a eu trois partis, chacun desquels a tenu pendant quelque temps le pouvoir : le parti qui jugeait la confirmation de la grande charte et des anciennes lois suffisantes pour réprimer les abus : il tenait fortement à l'épiscopat, mais voulait restreindre le pouvoir des évèques: ceux qui voulaient subordonner entièrement le roi , et placer le suprème pouvoir dans les communes : leurs alliés étaient les presbytériens : et ceux qui, plus exigeants, demandaient non seulement une révolution politique et religieuse (ils étaient puritains), mais une révolution sociale. Ils voulaient renverser les vieilles institutions d'Angleterre et introduire toute espèce de changements dans les systèmes judiciaire, électoral, administratif et municipal. Ce dernier parti semblait prévaloir ; mais son administration était si mauvaise, l'anarchie matérielle et morale faisait de tels progrès, que le peuple se refusa, et força Cromwell à prendre le pouvoir suprème. Après quelques difficultés faites par celui-ci, il est nommé protecteur de la république avec un pouvoir égal à celui de roi. Nous verrons d'ici peu l'état de la société sous son administration.

Dans ces deux révolutions les moyens ont été fort différents, mais les causes principales et les résultats parfaitement analogues. Dans la révolution anglaise, on voit un bizarre mélange des éléments en apparence les plus con-

traires ; la noblesse, le clergé y prennent part : elle est à
la fois religieuse et philosophique, politique et sociale.
Arrivée cent ans avant la révolution française, elle garde
une plus forte empreinte de l'ancien état social. Elle est,
pour ainsi dire, un pont qui sépare l'ancien du nouvel
ordre : tandis que la révolution française est un abîme,
effrayant par son unité, détruisant tout, nivelant tout , elle
anéantit tout ce qui restait de l'ancien ordre, jusqu'aux
mœurs. Par conséquent, elle est, comme révolution, plus
complète que celle d'Angleterre. Celle-ci, agissant avec
le clergé et la noblesse sous ses bannières, établit la
liberté de conscience et la prépondérance des communes :
elle réforme la législation, et abolit beaucoup des coutumes féodales. Elle n'a pas à se reprocher des atrocités
pareilles à celles commises par le comité de salut public :
nous pouvons attribuer cela à la paix intérieure dont
jouissait l'Angleterre pendant la révolution, tandis que
la France soutenait une guerre contre l'Europe et était
déchirée en même temps par des dissensions civiles,
ce qui devait irriter les esprits. L'armée est également
intervenue dans les deux révolutions ; en Angleterre elle
s'est interposée quand la fougue des partis était à son
comble : en France, son intervention n'a lieu que lorsque
le peuple est fatigué de la lutte. A ceci encore on peut
attribuer la modération de la révolution anglaise, le peuple
ayant eu moins longtemps la souveraineté. La révolution
française se dirigeait également contre la noblesse, le
clergé et la royauté : en Angleterre on ne voulait que
l'abolition du pouvoir absolu. D'un côté, on se rassemblait

sous la bannière de l'égalité, de l'autre sous celle de la liberté. La religion fut une des bases principales de la révolution anglaise : la convention lui substitua une femme nue nommée par eux la *déesse de la raison*, que l'on promenait dans les rues, après avoir chassé Dieu de ses temples.

Les révolutions sont accomplies : l'on commence à rétrograder pour trouver un *modus in rebus*. Examinons les traces qu'elles ont laissées. En France nous apercevons un système électoral, qui, quoique aboli sous le consulat, ne tardera pas à reparaître, et assurer au peuple une part dans le gouvernement : une constitution (de l'an viii) dont l'esprit général est la liberté individuelle, l'inviolabilité du domicile du citoyen, la responsabilité des ministres : aucune trace de la féodalité ; sa noblesse émigrée ; le clergé, sans pouvoir, reconnaissant pour la permission de revenir à ses fonctions : l'union si serrée des éléments sociaux, qu'il n'y a plus de possibilité d'une prépondérance excessive d'un d'entre eux sur les autres. Voici les effets plus subordonnés de la révolution : une législation et une administration plus éclairées, une industrie générale parmi le peuple, la création de la plupart des institutions importantes, telles que la Banque de France, les tribunaux de première instance et d'appel : enfin, un bien-être général que ce pays n'avait pas encore goûté.

En Angleterre, la plupart de ces changements avaient été déjà faits avant la révolution. Les effets sur la société se font voir par l'esprit de la constitution du protectorat, qui établit quatre points : 1° le pouvoir suprême, non absolu, doit être conféré à un seul : 2° les parlements doivent être successifs, non perpétuels : 3° ni le protecteur ni le parlement ne peuvent disposer séparément de l'armée ; 4° la liberté de conscience est permise à chacun. Les autres fruits de la révolution ne furent que des confirmations de la grande charte.

De ces observations nous pouvons conclure que les deux grandes révolutions en France et en Angleterre sont les deux événements des temps modernes qui ont exercé le plus d'influence sur l'ordre social, et contribué le plus largement au progrès de la civilisation. Si la révolution française a été plus complète que celle d'Angleterre, c'est qu'il y avait moins à changer dans ce dernier pays : et si la révolution anglaise s'est opérée cent ans avant celle de la France, on a eu le loisir d'examiner chaque élément à son tour sur le continent, et le développement s'est fait sur une plus grande échelle.

FIN.

www.ingramcontent.com/pod-product-compliance
Lightning Source LLC
LaVergne TN
LVHW012152170726
843503LV00009B/4123